Christian Morgenstern

OSTERMÄRCHEN

Aus dem Nachlass des Dichters

herausgegeben von Margareta Morgenstern

Mit farbigen Bildern von Willi Harwerth

edition annette betz

Es war einmal ein kleiner Junge, dem träumte in der Nacht vom Ostersamstag zum Ostersonntag, er läge nicht in seinem Bettchen in der warmen Stube, sondern draußen auf der Wiese unter dem blassen Vollmond und den silbernen Sternen. Dort läge und schliefe er, warm eingehüllt, damit ihm der Nachtwind nicht schade, der die Blütenzweige über ihm leise bewegte. Und neben seinem Kopf – so träumte ihm – stände ein mit Blättern ausgelegtes Körbchen auf dem Rasen, und drei Osterhäslein wären damit beschäftigt, die schönen Eier, die in dem Körbchen lagen, zu ihm hinzutragen, sie ihm sacht unter die Hand zu schieben und auf den Arm zu legen; und wenn er dann erwachte, dann würde er all die schönen Eier finden und mit ihnen zu Vater und Mutter springen dürfen.

So träumte unser kleiner Junge in der Nacht zum Ostersonntag.

Als es aber zwischen fünf und sechs Uhr morgens war – oder war es noch nicht einmal so spät? –, da erwachte Fritz, denn so hieß der kleine Knabe, und sprang aus dem Bett. Nun, Eier lagen freilich keine auf seinem Arm oder in seiner Hand – das musste

ihm also wohl bloß so geträumt haben. Aber Ostermorgen war es wirklich. Da sollte man doch wenigstens in den Garten hinunterschauen, denn wer weiß, wer weiß …? Und Fritzchen stieß rasch die Fensterläden auf – da stand aber sein Mäulchen auch gleich offen, ganz ebenso offen wie die Fensterläden. Nein, seht doch, seht doch nur! Was war das aber auch für eine Ostermorgenpracht! Der Himmel war von der ersten Morgenröte so zart und rosig gefärbt, wie das eben nur an einem Ostermorgen sein konnte, wo auf allen Beeten Ostereier lagen, kreuz und quer, große und kleine in allen Farben, sodass der Himmel durchaus nicht zurückbleiben durfte, sondern zeigen musste, dass auch er in gar köstlichen Farben prahlen und strahlen könne – er, der junge leuchtende Ostersonntagmorgenhimmel, über dem noch die letzten blassen Sterne der Nacht funkelten, als ob auch sie noch ein klein wenig von all der Oster-herrlichkeit erhaschen wollten.

Draußen im Garten aber begann jetzt ein reges Leben. Hin und her sprangen die munteren Osterhäschen, legten noch hierhin und dorthin ein schönes buntes Ei, das eine nach dem einen Ende des Gartens, das andere nach dem andern. Und andere wieder saßen mit gespitzten Ohren – oder vielmehr Löffeln (denn so nennt man ja die Ohren des Hasen) – um einen Eierkorb und bewachten ihn, bis dann später die Kinder kamen. Inzwischen ging die Sonne schon halb auf, und der Mond, der alte Nachtwächter, wurde immer schläfriger und schläfriger und dachte: Jetzt werde ich wohl auch bald nach Hause gehen können.

Ja, das war eine drollige Geschichte! Saß da auch so eines von unseren fleißigen Osterhäschen unter den lieblichsten Blütenzweigen, die man sich denken kann, und legte eben ein wunderschönes Osterei nach dem anderen – als vier Schmetterlinge angeflogen kommen und ihn ganz ohne Scheu umflattern. Ja, der eine hält gar seinen weichen, braunen Rücken für ein höchst behagliches Ruhekissen, auf dem man sich – warum auch nicht? – wohl auf eine Weile niederlassen und ausruhen könnte. Unser kleiner Hasenfreund hat zwar gegen diese lichtfarbigen Sommerkinder sonst nicht viel einzuwenden – aber sollte das nicht schließlich doch etwas zu weit gehen? Man ist doch ein großer ausgewachsener Hase und darf also wohl einen gewissen Respekt fordern! Wo käme die Welt denn hin, wenn solch ein kleiner kecker Geselle sich einem einfach auf den Rücken setzen dürfte, als wär man nur eben ein Sofa für ihn – und das noch dazu während eines so wichtigen Geschäftes! Nein, nein, man darf unserem Freund sein sehr erstauntes Gesicht wahrlich nicht übel nehmen, auf dem unverkennbar geschrieben steht: Ich finde das sehr, sehr merkwürdig!

Es mochte acht oder neun Uhr sein, da gingen die Eltern mit den Kindern durch den Garten. »Nun wollen wir doch einmal sehen«, sagten sie, »ob euch die Osterhasen auch schön Eier versteckt haben!« Voraus aber ging Nesthäkchen, das Kleinste, und richtig! Da hatte es auch schon drei Eier gefunden, die auf einem Häuflein zusammenlagen: ein rotes, ein blaues und ein gelbes Ei. Der Vater streckte die Hände aus und rief: »So, nun gib sie mir, mein Liebling! Und ich gebe sie dann der Mutter in ihr Körbchen, nicht wahr?« Die Mutter sah gerade zu dem Blütenstrauch hin, unter dem Fritz eine Menge Ostereier entdeckt hatte – was ja freilich auch nicht gar so schwer war. Fritz aber war gleichwohl ganz stolz darauf, als wär er Wunder wie schlau gewesen.

»Was meinst du«, sagte der eine Hase draußen auf dem Wiesenhügel zum anderen, »sollten wir nicht durch dieses offene Fenster hier in die Wohnstube hineinhoppeln?«

»Ja, ja, das tun wir«, meinte der andere, denn hier draußen, da haben wir ja den Leuten vom Hause schon eine ganze Osterbescherung aufgebaut – also werden sie wohl nichts dagegen haben, wenn wir unsere Ostereier auch noch drinnen verstecken.«

»Gewiss nicht«, sagte der andere.

»Und dann, weißt du, gibt es nichts Lustigeres, als solch ein Wohnzimmer heimlich mit Ostereiern auszulegen. Da macht man zuerst die schönsten Figuren auf dem sauberen weißen Tischtuch, und dann kommt die Kommode an die Reihe und dann der Lehnstuhl und dann das Sofa.«

»Also dann los! Hoppel du nur voran, ich komme schon mit.«

Als die Osterhasen nun mit allem fertig sind und richtig in der Stube drin sitzen und mit ihnen noch drei kleine Hasenkinder, die so lange gebettelt hatten, bis sie ihnen erlaubten, mitzukommen – da läuft plötzlich Nesthäkchen herein, das jüngste Töchterchen, das ein paar Stunden früher ein rotes, ein blaues und ein gelbes Ei gefunden hatte. Das sieht nun die Hasen und die Hasenkinder ganz einfach auf dem Tisch und

dem Sofa und den Stühlen sitzen, so als wär das ganz selbstverständlich. Und nun gucken sie sich ganz erstaunt an, Nesthäkchen und das eine Hasenkind, das eine Hasenkind und Nesthäkchen. Aber fürchten tun sie sich nicht im Mindesten voreinander, das kleine Menschenkind und das kleine Hasenkind – und das ist recht so, und das ist gerade das Schöne dabei. Nur der eine alte Hase, der macht einen gewaltigen Satz vom Tisch weg. Da sind die Hasenkinder doch viel vernünftiger.

Bim Bam Baum Bom – Bim Bam Baum Bom – das läutet und läutet vom Turm, und die Schneeglöckchen und Märzbecher und die anderen kleinen Blumenglocken läuten auch noch dazu, nur sehr viel leiser und ferner: Bim Bam Baum Bom ...

Ach, dieses viele Herumlaufen und Eiersuchen! Soll man da nicht ein ganz, ganz klein wenig müde werden dürfen? Bim Bam Baum Bom – so wohl und so fein läutet es dich in Schlaf und Traum. Was läutet er wohl, der Glockenturm mit den vielen schönen Glocken? Ei, das will ich dir wohl sagen: Er läutet Ostern ein!

»Ostern?«, sagst du, »nun ja – Ostern!«

Weißt du denn auch so recht von Herzen, was Ostern ist? Ostern oder Auferste-hungs-zeit? Ja, du liebes Kind, fühlst du denn auch so recht, was das für ein Fest ist, das diese Glocken dort vom Turm so freudig einläuten mit ihrem hellen, klingenden Bim Bam Baum Bom, dass die Lerchen, die droben im blauen Himmel jubilieren, kaum wissen, wie sie mit ihren kleinwinzigen Kehlen da noch mitkommen sollen? Heute, in dieser heiligen Osternacht, da waren der Winter in seinem großen weißen Schafspelz und der Frühling in seinem leichten blau und weiß gestreiften Anzug zum letzten Mal zusammen. Denn da hat der alte Winter seinem Sohne auf die Schulter geklopft und hat ihm seinen Königsring gegeben, seinen Königsring aus purem Golde und mit einem purpurnen Edelstein, und hat zu ihm gesagt: »So, jetzt sei du König! Ich bin alt und will in meine Höhle hinten im Walde gehen, da, wo der Dachs wohnt, unter den vom Wind gestürzten Tannen, und der Uhu, der nachts umherfliegt und seinen Ruf ruft und mit seinen glühenden Augen durch die finsteren Zweige äugt. Da, ja, da gehöre ich nun hin; und in diese Welt hier« – dazu machte der Winter eine große alles umfassende Handbewegung über die junge Wiese hin, auf der sie standen und aus deren schwachem Gras schon die Märzveilchen lugten, und über die jungen Wälder, in denen die weißen zarten Birken zu knospen anfingen und die Kätzchen schon munter sprossen, und über den jungen Himmel hin, an dem eine ganze große Herde grauweißer Lämmerwölkchen dahinzog und wartete, bis Mond und Sterne untergegangen wären und sie die liebe rote Sonne auf ihren Pelz kriegen würden –, über all das machte der Winter solch eine mächtige weit ausladende Handbewegung hin und sagte: »In diese Welt gehörst jetzt du. Jetzt blase du dein süßes, gewaltiges Hirten- und Auferweckungslied, dass die Erde zu blühen anfängt wie ein einziger wunderseliger Garten und morgen früh alle Menschen, Groß und Klein, Alt und

Jung, wissen und sehen und schmecken und fühlen, dass du gekommen bist, du, der Frühling, mein lieber Sohn! Den Tag aber, wo sie das zum ersten Mal so ganz überwältigend sehen und schmecken und fühlen (also den heutigen Tag, wenn du nur recht dein Werk tust), diesen Tag, den nennen die Menschenkinder Ostern nach deiner lieben Mutter, meiner königlichen Gemahlin Ostara, von der du all deine Schönheit und deinen Frohsinn geerbt hast, du wilder Zauberer und Götterliebling!« Und wie er das so sagte, der alte weißbärtige Winter, und dabei sich auf die flachsblonden Goldlocken seines Sohnes niederbeugte, um ihn zu segnen, da wurde ihm ganz weich ums Herz, sodass ihm ein riesiger Eiszapfen auf der linken Wange schmolz und auf den Frühling in seinem leichten Anzug herniedertropfte. Da lachte der sein hellstes Lachen und rief, indem er die Arme schnell noch einmal um den Vater schlang, ihn mitten auf den Mund küsste und dann nach dem Wander- und Hirtenstab sprang, der unweit über dem munteren Wiesenbach quer drüber gleich wie ein Brücklein lag: »Aber, Vater! Wir sehen uns doch wieder im Oktober oder im November oder spätestens zu Weihnachten – oder glaubst du, ich würde dies Jahr nicht wiederkommen mit meinem Korb voll pausbäckiger Äpfel und …«

»… und dass du mir ja guten Wein mit heimbringst«, lachte der Alte nun auf und wischte sich mit dem Schafspelzärmel den Rest des Eiszapfens vom zwinkernden Auge.

»Soll geschehen! Soll geschehen!«, hallte es nun schon von jenseits des Baches wider; denn der Frühling begann jetzt auszuschreiten, um sein großes Auferweckungswerk zu vollbringen.

»Vergiss mir die Kinder nicht, und dass die Osterhasen auch ihre Pflicht tun!«, war das Letzte, was er von dem Alten noch hörte.

Dann zogen sie ein jeder seines Weges, der Winter in seinen Wald und der Frühling hinaus über die weite Erde.

Seht ihr, das hat nun alles der kleine Junge hier auf der Wiese geträumt, und ganz gewiss waren es die Blumenglöckchen, die ihm diesen Traum vom alten Winter und vom jungen Frühling zugeläutet haben.

Denn, Kinder, alles, was Glocken heißt, das hat ja der Frühling besonders lieb. Das muss ihm wecken helfen. Die Augen, die weckt er mit all den köstlichen bunten Farben, mit dem Blau des Himmels, dem Gelb der Schmetterlinge, mit dem Grün der Wiesen und dem Rot der Blumen. Und damit auch, wie solch ein Pflänzlein geformt und gebildet ist: bald als Stern, bald als herzförmiges Blatt, bald als ein Becherchen, aus dem die Bienen trinken werden, bald als ein Glöcklein und bald als ein Röcklein.

Die Nasen aber weckt er mit all dem süßen Duft, der aus hundert und aberhundert Blütenkelchen steigt; und die Ohren, die weckt er auf mit dem Gesang der Vögel und dem Jubel der Kinder und dem Summen der Bienen. Doch das genügt ihm immer noch nicht; und da ist er denn über die Maßen froh, dass die Menschen Türme gebaut haben mit Glocken darin, ganz eigens dafür bestimmt, ihm wecken zu helfen. Aber selbst das wär ihm noch nicht genug! Denn wenn nun doch ein Kind trotz all der lauten Turmglocken mitten auf der Wiese mitten in der Morgensonne und noch dazu neben einem mit großen bunten Ostereiern gefüllten Korb eingeschlafen ist wie unser kleiner Fritz? Ja, was dann? Dann braucht er eben noch andere Glocken; solche, die noch ganz anders läuten als die großen plumpen Glocken aus Kupfer und Eisen; solche, die man nur hören kann, wenn es so still in einem ist, dass man sonst gar nichts hört von der ganzen Welt um einen herum; die einen ganz drinnen, ganz tief drinnen aufwecken, damit auch die kleinsten, verborgensten Herzlein vom Frühling erfüllt werden und alles Gute und Liebe in ihnen die Augen aufschlägt. Dann sagen solche Herzlein wohl ganz leise im Traum: »Oh, wie gut ist doch das alles! Wie gut sind Vater und Mutter, wie sorgen sie für mich, wie beschenken, wie erfreuen sie mich. Und auch die lieben Osterhasen, dass auch sie an mich gedacht haben! Und all die Blümchen und Vöglein und Schmetterlinge, wie gut sind sie alle! Ich will auch gut sein, ich auch, ich kleiner Mensch, ich will auch so lieb und gut sein wie sie alle, mein ganzes Leben lang.«

Ihr Kinder, liebt mir die kleinen Glockenblumen und tut ihnen, ihnen ganz beson-ders, nie etwas zuleide. Dafür, müsst ihr wissen, begleiten sie euch auch überall-hin, wohin ihr nur kommt: Ihr findet sie im Tale wieder und auf den hohen Bergen und am Meeresstrande – und immer werden sie euch etwas Liebes zu sagen haben, wenn ihr müde geworden seid und die großen Glocken der Welt nicht mehr hört und auf der Wiese eingenickt seid wie hier unser kleiner guter Fritz.

Als der Abend dieses schönen Ostertages gekommen ist und die Kinder in ihren Bettchen liegen, da setzt sich die Mutter noch ein Weilchen zu ihnen und erzählt

ein wenig von der weiten Reise der Sonne, vom Ostermond und von den Sternen.
Dann singt sie ihnen ein Schlummerliedchen, und das wollen wir nun alle ganz leise
mitsingen:

Träum, Kindlein, träum!
Im Garten stehn zwei Bäum.

Der eine, der trägt Sternlein,
der andere Mondenhörnlein.

Da kommt der Wind der Nacht gebraust –
und schüttelt die beiden mit rauer Faust.

Das Mondenhörnleinbäumle steht,
als wäre gar kein Wind, der weht.

Dem Sternenbäumlein aber, ach,
dem fallen zwei Sternlein in den Bach.

Da kommen zwei Fischlein munter –
und schlucken die Sternlein hinunter.

Und hätte es nicht sterngeschnuppt,
so wären sie nicht so schön geschuppt.

Träum, Kindlein, träum,
im Garten stehn zwei Bäum.

Der eine, der trägt Sternlein,
der andere Mondenhörnlein.

Träum, Kindlein, träum …

4. Auflage 2024
© Annette Betz Verlag in der Ueberreuter Verlag GmbH, Berlin 2014
ISBN 978-3-219-11597-0
Originalausgabe © Lappan Verlag GmbH, Oldenburg 1985
ISBN 978-3-8303-1092-1
Alle Rechte vorbehalten. Das Werk darf – auch teilweise –
nur mit Genehmigung des Verlages wiedergegeben werden.
Umschlag- und Innenillustrationen: Willi Harwerth
Druck und Bindung: optimal media GmbH, Röbel/Müritz
Gedruckt auf Papier aus geprüfter nachhaltiger Forstwirtschaft.
www.annettebetz.de